Lao Tse

TAO
TEH KING

Lao Tse

TAO
TEH KING

© Publicado em 2013 pela Editora Isis Ltda.

Supervisor geral:
Gustavo L. Caballero
Tradução:
Maria Lucia Acaccio
Capa:
Editora Isis
Diagramação:
Décio Lopes

ISBN: 85-88886-19-7

Proibida a reprodução total ou parcial desta obra, de qualquer forma ou por qualquer meio seja eletrônico ou mecânico, inclusive por meio de processos xerográficos, incluindo ainda o uso da internet sem a permissão expressa da Editora Isis, na pessoa de seu editor (Lei nº 9.610, de 19.02.1998).

Direitos exclusivos reservados para Editora Isis

EDITORA ISIS LTDA
www.editoraisis.com.br
contato@editoraisis.com.br

LAO TSÉ
E O TAO TEH KING

O Tao Teh King é a obra chinesa mais traduzida para outros idiomas e sua influência na cultura e no pensamento oriental tem sido enorme. Este livro, que conta tão-somente com dez mil caracteres, foi redigido por volta do ano de 500 a.c. e parece ser uma antologia que recolhe ensinamentos muito mais antigos, ainda que, na opinião de muitos, a densidade do seu estilo indica que é obra de um único autor. Segundo a lenda, Lao Tsé ou Lao Tzu (o ancião ou o velho) nasceu na província de Henan e foi bibliotecário da corte, escrevendo o Tao Teh King (Livro da Vida e da Virtude) antes de abandonar o país para dirigir-se a algum lugar desconhecido do Ocidente.

A maior parte do livro é composta por rimas e pode ser lida como um longo poema filosófico. Ensina que «o caminho» (o Tao) do mundo realiza-se com maior proveito, abandonando as categorias e os valores externos, em favor da percepção espontânea. O sábio busca «não fazer nada» (wu wei) e deixa que as coisas sigam seu curso natural.

Ao ser destinado a um monarca, recomenda que o rei que pretenda ser inteligente e apto mantenha seu povo na simplicidade e na passividade, para que deste modo viva em paz e possa moldar-se à natureza.

Relatos e mitos posteriores integraram Lao Tsé na religião chinesa, convertendo-o numa deidade principal da religião taoísta, que revelava os textos sagrados à humanidade. Algumas lendas sustentam que, depois de sair da China, converteu-se em Buda.

O Tao Teh King consta de 81 capítulos divididos em duas partes. A primeira contém os capítulos de 1 a 37, que começam com a palavra «Tao», e é conhecida como o Tao King (Tratado do Tao). A segunda, formada pelos capítulos 38 a 81, que começam com as palavras «Shang Teh» (Tratado da Virtude), é conhecida como o Teh King (Clássico da Virtude). O Tao King e o Teh King constituem a obra completa, conhecida como Tao Teh King. O texto em chinês aqui reproduzido procede da edição de Lao Chieh Lao, recompilada por Ts'ai T'ing Kan e impressa de forma privada em 1922.

TAO TEH KING

一章

道可道非常道。名可名。非常名。無名天地之始。有名萬物之母。故常無欲以觀其妙常有欲以觀其徼。此兩者同出而異名同謂之玄玄之又玄衆妙之門。

1

O Tao que pode ser expresso não é o Tao verdadeiro.

Podem-se atribuir-lhe nomes, mas não são o Nome Verdadeiro.

Sem nome é a origem do Céu e da Terra.

Com nome é a mãe de todas as coisas.

Não sendo, podemos contemplar sua essência.

Sendo, apenas vemos sua aparência.

Ser e não ser emanam da mesma fonte, ainda que tenham nomes diferentes.

Ambos são um mistério.

E nesse mistério está a porta para toda a maravilha.

Tao Teh King

二章

天下皆知美之爲美斯惡已皆知善之爲善斯不善已。
故有無相生難易相成長短相較高下相傾音聲相和。
前後相隨是以聖人處無爲之事行不言之教萬物作
焉而不辭生而不有爲而不恃功成而弗居夫唯弗居。
是以不去。

2

Quando o mundo reconhece o belo como o belo, está criando
a fealdade.
Quando o mundo reconhece o bom como bom, nele está implícita a maldade.
Pois o ser e o não ser criam-se mutuamente.
O difícil e o fácil completam-se um ao outro.
O extenso e o curto formam-se um do outro.
O alto e o baixo aproximam-se entre si.
O som e o tom harmonizam-se mutuamente.
O antes e o depois se sucedem reciprocamente.
Portanto, o Sábio resolve seus assuntos sem atuar e divulga seus
ensinamentos sem palavras.
Não nega nada à multidão.
Ajuda-a, mas nada pede em troca.
Faz seu trabalho, mas não lhe outorga nenhum valor.
Consegue sua meta, mas não reclama o mérito.

E precisamente porque não reclama méritos,
ninguém pode arrebatá-los.

三章

不尚賢，使民不爭。不貴難得之貨，使民不爲盜。不見可欲，使民心不亂。是以聖人之治。虛其心。實其腹。弱其志。強其骨。常使民無知無欲。使夫知者不敢爲也。爲無爲。則無不治。

3

Não louvando os dotados, evitarás
a rivalidade e a luta,
Não dando valor a coisas difíceis de conseguir,
evitarás o ataque e o roubo.
Não exibindo o desejável, conseguirás
que os corações das pessoas permaneçam em paz.

Portanto, o governo do Sábio:
Esvazia o coração de desejos,
enche a barriga de alimentos,
enfraquece as ambições
e fortalece os ossos.

Desse modo consegue que o povo permaneça
sem conhecimentos e sem desejos,
para que os mais astutos não busquem o triunfo.
Pratica a Não-Ação e governa tudo em ordem.

Tao Teh King

四章

道冲而用之或不盈。淵今似萬物之宗挫其銳解其紛。

和其光同其塵湛今似或存吾不知誰之子象帝之先。

4

O Tao é como uma terrina vazia
que nunca se enche ao ser usada.
Insondável, na sua profundidade reside a origem
de todas as coisas.
Suaviza todas as asperezas.
Dissolve todas as confusões.
Harmoniza todas as luzes.
Une o mundo num todo.
Ainda que oculto nas profundezas,
parece existir eternamente.
Não sei de quem é filho,
mas é o pai de todas as coisas.

五章

天地不仁，以萬物為芻狗。聖人不仁，以百姓為芻狗。天地之間，其猶橐籥乎。虛而不屈，動而愈出。多言數窮，不如守中。

O universo não é sentimental.
Todas as coisas são para ele como cães de palha.
O Sábio não é sentimental;
o povo é para ele como cães de palha.

O universo é como um fole, vazio e não obstante inesgotável;
quanto mais se move, mais sai dele.

Não há palavras para expressá-lo.
Melhor buscá-lo no teu interior.

Tao Teh King

六章

谷神不死。是謂玄牝。玄牝之門。是謂天地根。緜緜若存。用之不勤。

6

O Espírito do vale não morre.
Chamam-no de Fêmea Misteriosa.
A porta do misterioso feminino
é a raiz do Céu e da Terra.

Persistente como uma teia de aranha, só possui
um sopro de existência;
e, não obstante, quando te submerges nela é inesgotável.

七章

天長地久。天地所以能長且久者以其不自生故能長
生。是以聖人後其身而身先外其身而身存。非以其無
私邪。故能成其私。

7

O céu é eterno e a terra perdura.
Qual é o segredo da sua longevidade?
Não é por não viver para si
que vivem tanto?
Assim, o Sábio procura ficar atrás,
mas está adiante dos demais;
arrisca-se,
porém, encontra-se seguro e a salvo.
Não é pelo desapego de si mesmo
que seu Ser pode realizar-se?
Por ser desinteressado
obtém seu próprio bem.

八章

上善若水。水善利萬物而不爭。處眾人之所惡。故幾於道。居善地。心善淵。與善仁。言善信。正善治。事善能。動善時。夫唯不爭。故無尤。

8

A forma mais elevada da divindade é como a água.
A água sabe beneficiar tudo sem lutar com nada.
Permanece em lugares que os homens repudiam.
Portanto, aproxima-se do Tao.
Ao escolher tua morada, aprende a ter os pés no solo.
Ao cultivar tua mente, aprende a submergir-te
em suas obscuras profundidades.
Ao tratar com os demais, aprende a ser educado e amável.
Ao falar, aprende a conter tuas palavras.
Ao governar, aprende a manter a ordem.
Ao fazer negócios, aprende a ser eficiente.
Ao praticar uma ação, aprende a escolher o momento adequado.
Se não lutas contra outros,
estarás livre de culpa.

Tao Teh King

九章

持而盈之不如其已揣而梲之不可長保金玉滿堂莫之能守富貴而驕自遺其咎功遂身退天之道。

9

Quando te aferras à plenitude,
farias muito melhor, detendo-te a tempo!

Golpeia e afia constantemente uma espada,
e não poderás manter seu fio por muito tempo.

Enche tua casa de ouro e jade,
e não poderás protegê-la.

Se te orgulhas das tuas riquezas e honras,
só recolherás uma colheita de infortúnios.

Esta é a lei do Céu:
Quando tiveres acabado o teu trabalho, retira-te!

十章

載營魄，抱一能無離乎。專氣致柔，能嬰兒乎。滌除玄覽，能無疵乎。愛民治國，能無知乎。天門開闔，能無雌乎。明白四達，能無爲乎。生之畜之。生而不有。爲而不恃。長而不宰。是謂玄德。

10

Ao manter teu espírito e tua alma vital unidos,
és capaz de conservar sua perfeita harmonia?
Ao concentrar tua energia vital para conseguir agilidade,
chegaste ao estado de um bebê recém-nascido?
Ao limpar e clarificar tua visão interior,
eliminaste toda escória?
Ao amar a tua gente e governar o teu estado,
és capaz de administrar com inteligência?
No abrir e fechar da porta do céu,
és capaz de adotar o papel feminino?
Observando de longe em todas as direções,
és capaz, não obstante, de permanecer distante e não ativo?

Sustenta a tua gente!
Alimenta a tua gente!
Ajuda-os sem pedir-lhes nada!
Faz um trabalho, mas não lhe dês valor!
Sê um líder e não um assassino!
Esta é a chamada Virtude oculta.

_Tao Teh King

十一章

三十輻共一轂當其無有車之用。埏埴以爲器當其無有器之用鑿戶牖以爲室當其無有室之用故有之以爲利無之以爲用。

11

30 raios convergem ao centro da roda,
nesse vazio está a utilidade da carroça.

Fazemos uma terrina com um pedaço de argila;
o vazio do interior é o que a torna útil.

Construímos portas e janelas para uma habitação;
mas são esses espaços vazios os que a fazem habitável.

Assim, enquanto nos concentramos no ser,
é no não ser onde está a utilidade.

十二章

五色令人目盲五音令人耳聾五味令人口爽馳騁畋獵令人心發狂難得之貨令人行妨是以聖人為腹不為目故去彼取此

12

As 5 cores cegam os olhos,
Os 5 tons ensurdecem os ouvidos,
Os 5 sabores obstruem o paladar.
Correr e caçar enlouquece a mente.
Os bens exóticos tentam os homens para o mal.

Portanto, o Sábio atende ao ventre, não ao olho.
Prefere o que há em seu interior, não o de fora.

十三章

寵辱若驚貴大患若身。何謂寵辱若驚。寵爲下。得之若驚。失之若驚。是謂寵辱若驚。何謂貴大患若身。吾所以有大患者爲吾有身及吾無身吾有何患。故貴以身爲天下。若可寄天下。愛以身爲天下。若可託天下。

13

«Recebe as desgraças como uma agradável surpresa.
Aprecia os infortúnios como aprecias o teu próprio corpo.»
Por que deveríamos receber as desgraças
como uma agradável surpresa?
Porque um estado decaído é uma grande ajuda:
Recebê-lo é uma agradável surpresa.
E também o é perdê-lo!
Por isso deveríamos receber as desgraças
como uma agradável surpresa.
Por que deveríamos apreciar os infortúnios
como aprecias o teu próprio corpo?
Porque o corpo é a fonte de nossos infortúnios.
Se não temos corpo, que calamidades podemos sofrer?

Desse modo, só àquele que está disposto
a dar seu corpo pelo bem do mundo,
pode-se confiar-lhe o mundo.
Somente aquele que pode fazê-lo com amor,
é digno de ser seu administrador.

十四章

視之不見名曰夷。聽之不聞名曰希。搏之不得名曰微。此三者不可致詰。故混而爲一。其上不皦。其下不昧。繩繩不可名。復歸於無物。是謂無狀之狀。無物之象。是謂惚恍。迎之不見其首。隨之不見其後。執古之道。以御今之有。能知古始。是謂道紀。

14

Olha-o, mas não podes vê-lo!
Seu nome é *Informe*.
Escuta-o, mas não podes ouvi-lo!
Seu nome é Insonoro.
Agarra-o, mas não podes pegá-lo!
Seu nome é Incorpóreo.
Estas 3 qualidades são incompreensíveis;
e fundem-se numa só.

No alto não é luminoso.
No baixo não é escuro.
É eterno e não pode ser nomeado.
Retorna ao não ser das coisas.
É a forma sem forma e a imagem sem imagem.
É o indefinível e o inimaginável.

Olha-o de frente e não vês seu rosto!
Segue-o e não vês suas costas!
Ainda assim, provido deste Tao eterno,
podes afrontar realidades presentes.

Conhecer as origens é a iniciação ao Tao.

十五章

古之善為士者，微妙玄通，深不可識。夫唯不可識，故强為之容。豫焉若冬涉川。猶兮若畏四鄰。儼兮其若容。渙兮若冰之將釋。敦兮其若樸。曠兮其若谷。混兮其若濁。孰能濁以靜之徐清。孰能安以久動之徐生。保此道者不欲盈。夫唯不盈，故能蔽不新成。

15

Os antigos seguidores do Tao eram sutis e
flexíveis, agudos e profundos.
Suas mentes, demasiadamente imensas para serem inteligíveis.
Sendo inescrutáveis,
apenas podemos tentar descrevê-los.
Precavido como o que pula um riacho no inverno.
Tímido como quem teme a todos os seus vizinhos.
Prudente e cortês como um convidado.
Dúctil como o gelo no seu ponto de fusão.
Simples como um bloco não talhado.
Oco como uma cova.
Confuso como um charco enlodado.
E não obstante, quem mais poderia, tranquila
e gradualmente, passar do enlameado ao cristalino?
Quem mais poderia passar da calma à ação?
Aquele que segue o Tao não pretende a plenitude.
Mas, precisamente porque nunca é pleno,
pode permanecer como um broto oculto
e não se precipita para uma maturação precoce.

十六章

致虛極。守靜篤。萬物並作。吾以觀復。夫物芸芸。各復歸其根。歸根曰靜。是謂復命。復命曰常。知常曰明。不知常。妄作凶。知常容。容乃公。公乃王。王乃天。天乃道。道乃久。沒身不殆。

16

Alcança a Vacuidade absoluta.
Aferra-te decididamente à paz interior.
Da aparição buliçosa de todas as coisas,
eu somente contemplo o retorno.
Porque, ainda que floresçam,
todas voltarão às suas raízes.
Voltar à raiz é encontrar a paz.
Encontrar a paz é cumprir com nosso destino.
Cumprir com nosso destino é conhecer a eternidade.
Conhecer a eternidade é ser iluminado.

Quem não conhece a eternidade
caminha cegamente para o desastre.
Se se conhece a eternidade,
pode-se compreender e abarcar tudo
e pode-se distribuir justiça.
Ser justo é ser majestoso.
Ser majestoso é ser celestial.
Ser celestial é ser uno com o Tao.
Ser uno com o Tao é perdurar para sempre.
Alguém assim estará seguro e completo,
inclusive após a dissolução do seu corpo.

十七章

太上下知有之。其次親而譽之。其次畏之。其次侮之。信不足焉、有不信焉。悠兮其貴言功成事遂百姓皆謂我自然。

17

O melhor dirigente é aquele cuja existência
passa quase desapercebida por entre o povo.
Depois ao que amam e veneram.
Depois ao que temem.
Depois ao que depreciam e desafiam.

Quando você está com falta de fé, outros perdem a fé em ti.

O Sábio procura passar despercebido e é parco em palavras.
Quando ele consegue seu objetivo e tudo terminou,
as pessoas dizem: «Nós conseguimos!»

十八章

大道廢，有仁義；慧智出，有大僞；六親不和，有孝慈；國家昏亂，有忠臣。

18

Quando se abandona o Tao,
aparecem a humanidade e a justiça.
Quando surgem a inteligência e o engenho
aparecem os grandes hipócritas.
Quando os seis parentes perdem sua harmonia,
aparecem a piedade filial e o amor paternal.

Quando a escuridão e a desordem começam
a dominar um reino, aparecem os ministros leais.

Tao Teh King

十九章

絶聖棄智，民利百倍。絶仁棄義，民復孝慈。絶巧棄利，盜賊無有。此三者以爲文不足。故令有所屬。見素抱樸，少私寡欲。

19

Deixa atrás o conhecimento, abandona o engenho,
e beneficiarás enormemente a tua gente.

Deixa atrás a humanidade, abandona a justiça,
e a gente voltará a seus sentimentos naturais.

Deixa atrás a sagacidade, abandona a dureza,
e desaparecerão os ladrões e os malfeitores.

Estas três normas, porém, não são suficientes por si mesmas.

Portanto devem ficar subordinadas a um princípio
mais Alto:

Observa o simples, reduz teu egoísmo e domina
teus desejos!

二十章

絶學無憂唯之與阿相去幾何。善之與惡相去若何人之所畏不可不畏。荒兮其未央哉眾人熙熙如享太牢如登春臺我獨泊兮其未兆如嬰兒之未孩儽儽兮若無所歸眾人皆有餘而我獨若遺我愚人之心也哉沌沌兮俗人昭昭我獨昏昏俗人察察我獨悶悶澹兮其若海飂兮若無止眾人皆有以而我獨頑似鄙我獨異於人而貴食母。

20

Suprime tua aprendizagem,
e não sofrerás mais humilhações.
Quão grande é a diferença entre «sim» e «não»?
Como se distingue o «bem» do «mal?»
Devo temer o que outros temem?
Que imenso disparate seria isso!

Todos os homens estão jubilosos e radiantes,
como festejando um boi para o sacrifício,
como preparando a festa da primavera.
Somente eu permaneço tranquilo e nada revelo,
como um bebê que ainda, não sabe sorrir.
Somente eu estou triste como quem não tem lar para onde retornar.

Todos os homens têm o que necessitam e mais.
Somente eu aparento não ter nada.
Que estúpido sou!
Que confuso estou!
Todos os homens são brilhantes, brilhantes.
Somente eu sou obscuro, obscuro.
Todos os homens são agudos, agudos,
Só eu sou silencioso, silencioso.
Brando como o oceano,
sem rumo como as rajadas de uma tormenta.

Todos os homens descansam em suas tumbas:
Só eu persisto em permanecer fora.
Entretanto, o que me diferencia dos demais,
é que aprecio a Mãe que me nutre!

二十一章

孔德之容惟道是從。道之爲物，惟恍惟惚。惚兮恍兮，其中有象。恍兮惚兮，其中有物。窈兮冥兮，其中有精。其精甚真，其中有信。自古及今，其名不去，以閱衆甫。吾何以知衆甫之狀哉，以此。

21

Está na natureza da Grande Virtude,
seguir o Tao e somente o Tao.
Mas, o que é o Tao?
Algo esquivo e escorregadio.
Esquivo e escorregadio!
E, não obstante, tem Forma.
Escorregadio e esquivo!
Não obstante tem substância.
Sombrio e obscuro!
Não obstante tem uma Essência Vital.
Essa Essência Vital é muito real,
é de uma Sinceridade infalível.
Através das épocas tem conservado seu Nome.
A origem de todas as coisas.
Como conheço a origem de todas as coisas?
Pelo que há dentro de mim.

二十二章

曲則全枉則直窪則盈敝則新少則得多則惑是以聖人抱一爲天下式不自見故明不自是故彰不自伐故有功不自矜故長夫唯不爭故天下莫能與之爭古之所謂曲則全者豈虛言哉誠全而歸之。

22

Humilha-te e serás engrandecido,
Engrandece-te e serás humilhado.
Mantém-te vazio e serás preenchido.
Envelhece e rejuvenescerás.
Possua pouco e ganharás.
Possua muito e estarás confuso.
Portanto, o Sábio abraça a Unidade
e converte-se em modelo para tudo que há sob o Céu.
Destaca-se, porque não se exibe.
Merece honras, porque não se exalta.
Possui o comando, porque não se impõe.
Não se vangloria da sua própria destreza
e assim se faz respeitar.
Não compete com ninguém
e assim ninguém pode competir com ele.
São por acaso vãs as palavras do antigo provérbio:
«O humilhado será engrandecido»?
Não. Se realmente conseguiste estar completo,
tudo virá a ti.

二十三章

希言自然。故飄風不終朝。驟雨不終日。孰爲此者天地。天地尚不能久而況於人乎。故從事於道者道者同於道。德者同於德。失者同於失。同於道者道亦樂得之。同於德者德亦樂得之。同於失者失亦樂得之。信不足焉。有不信焉。

23

Somente as palavras simples e pausadas maturarão
por si mesmas.
Pois um torvelinho não dura uma manhã,
nem um aguaceiro dura o dia todo.
Quem é seu criador? Céu e Terra!
Nem sequer Céu e Terra podem fazer que coisas
tão violentas durem muito;
Quão mais acertado é isso para os apressados
esforços humanos?

Assim, aquele que cultiva o Tao é uno com o Tao;
aquele que pratica a Virtude é uno com a Virtude;
e aquele que flerta com a Perda é uno com a Perda.

Quem se identifica com uma dessas coisas
por ela é acolhido.
A isso, porém, não se dá suficiente crédito.

二十四章

企者不立跨者不行。自見者不明。自是者不彰自伐者
無功。自矜者不長其在道也曰餘食贅行物或惡之。故
有道者不處。

24

Não se pode ficar por muito tempo na ponta dos pés.
Não se pode andar aos pulos.
Aquele que se exibe não brilha.
Aquele que se exalta não recebe glória.
Aquele que se vangloria da sua destreza não tem mérito.
Aquele que celebra seu êxito não perdura.
No Tao estes excessos são como excrescências,
restos de comida que a todos repugnam.
Por isso quem possui o Tao não põe seu coração neles.

二十五章

有物混成。先天地生。寂兮寥兮。獨立不改。周行而不殆。

可以爲天下母。吾不知其名。字之曰道。强爲之名曰大。

大曰逝。逝曰遠。遠曰反。故道大。天大。地大。王亦大。域中

有四大。而王居其一焉。人法地。地法天。天法道。道法自

然。

25

Havia Algo indefinido e não obstante completo em si mesmo.
Nascido antes do Céu e a Terra.
Silencioso e ilimitado.
Permanecendo só e sem mudança.
E não obstante dominando-o todo.
Pode-se considerar como a Mãe do mundo.
Não conheço seu nome;
refiro-me a ele como «Tao»
E, pela falta de melhores palavras, chamo-o «o Grande».

Ser grande é continuar.
Continuar é chegar longe.
Chegar longe é regressar.

Desse modo o Tao é grande.
O Céu é grande.
A Terra é grande.
O homem é grande.
Portanto, o homem é um dos quatro grandes
do universo.

O homem segue os desígnios da Terra.
A Terra segue os desígnios do Céu.
O Céu segue os desígnios do Tao.
O Tao segue seus próprios desígnios.

二十六章

重爲輕根，靜爲躁君。是以聖人終日行不離輜重。雖有榮觀，燕處超然。奈何萬乘之主，而以身輕天下。輕則失本，躁則失君。

26

O peso é a raiz da ligeireza.
A serenidade é dona da inquietude.

Assim, o Sábio, quando viaja,
não se afasta da caravana.
Ainda que possa desfrutar de coisas mais excelsas,
mantém sua paz e se faz superior.

Por que deveria um senhor de 10 mil quadrigas
mostrar sua ligeireza ao mundo?

Ser superficial é estar separado da raiz de si mesmo.
Estar ofuscado é perder-se a si mesmo.

二十七章

善行無轍迹。善言無瑕讁。善數不用籌策。善閉無關楗而不可開。善結無繩約而不可解。是以聖人常善救人。故無棄人。常善救物。故無棄物。是謂襲明。故善人者不善人之師。不善人者善人之資。不貴其師。不愛其資。雖智大迷。是謂要妙。

27

O bom passo não deixa pegada.
O bom discurso não tem grandes frases
pelas quais deve ser recordado.
O bom cálculo não necessita de ábaco.
A boa fechadura não necessita de tábuas nem de pregos
e, não obstante, ninguém pode rompê-la.
A boa atadura não necessita de cordas, nem de nós
e, não obstante, ninguém pode desatá-la.

Assim, o Sábio sempre é bom salvando homens,
e, portanto, ninguém fica abandonado.
É bom salvar coisas, assim nada se desperdiça.
A isto se chama «seguir o conselho da Luz Interior.»

Portanto, homens bons são mestres de homens maus,
enquanto homens maus estão a cargo de homens bons.
Não venerar o mestre, não apreciar o cargo,
é ir pelo caminho equivocado, não importa
o quanto inteligente seja.
Este é um princípio fundamental do Tao.

二十八章

知其雄守其雌爲天下谿。爲天下谿常德不離復歸於嬰兒。知其白守其黑爲天下式爲天下式常德不忒復歸於無極。知其榮守其辱爲天下谷爲天下谷常德乃足復歸於樸樸散則爲器聖人用之則爲官長故大制不割。

28

Conhece o masculino,
mantém-te no feminino,
e sê o Arroio do Mundo.
Ser o Arroio do Mundo é
mover-se constantemente pelo caminho da Virtude,
sem apartar-se dele,
e voltar de novo à infância.

Conhece o branco,
mantém-te no negro
e sê o Modelo do Mundo.
Ser o Modelo do Mundo é
avançar constantemente pelo caminho da Virtude
sem errar um só passo
e regressar novamente ao Infinito.

Conhece o glorioso,
mantém-te no humilde
e sê a Fonte do Mundo.
Ser a Fonte do Mundo é
viver a vida abundante da Virtude
e regressar de novo à Simplicidade Primária.

Quando a simplicidade Primária se diversifica,
converte-se em úteis recipientes,
que, nas mãos do Sábio, convertem-se em dirigentes.
«Um bom alfaiate corta pouco».

二十九章

將欲取天下而爲之吾見其不得已天下神器不可爲也爲者敗之執者失之故物或行或隨或歔或吹或強或羸或挫或隳是以聖人去甚去奢去泰。

29

Alguém deseja apoderar-se do mundo e fazer
o que queira com ele?
Não vejo como poderá consegui-lo.
O mundo é um recipiente sagrado, que não se pode
alterar nem possuir.
Alterá-lo é se arriscar a perdê-lo, possuí-lo é perdê-lo.
De fato, todas as coisas têm um tempo para ir adiante
e outro para ir para trás.
Um tempo para respirar pausadamente e outro
para fazê-lo agitadamente.
Um tempo para ganhar força e outro para decair.
Um tempo para estar acima e outro para estar abaixo.

Por isso, o Sábio evita todos os extremos, os excessos e as
extravagâncias.

三十章

以道佐人主者不以兵強天下。其事好還。師之所處，荆棘生焉。大軍之後，必有凶年。善者果而已。不敢以取強。果而勿矜。果而勿伐。果而勿驕。果而不得已。果而勿強。物壯則老。是謂不道。不道早已。

30

Aquele que sabe guiar um dirigente pelo caminho do Tao
não pretende controlar o mundo mediante a força das armas.
É inerente à natureza destas, voltar-se contra quem as empunha.
Onde acampam os exércitos, crescem arbustos espinhosos.
Depois de uma grande guerra sempre sucedem anos ruins.
Hás de proteger o teu estado eficientemente,
mas não buscar o teu engrandecimento.
Depois de conseguir teus propósitos:
Não celebres teu triunfo;
Não exageres teu valor;
Não te sintas orgulhoso.
Pelo contrário, lamenta não ter sido capaz de evitar a guerra.
Nunca pretendas conquistar outros mediante a força.
Já que estar excessivamente desenvolvido
    é acelerar a decadência.
Isso está contra o Tao.
E o que está contra o Tao logo deixa de existir.

三十一章

夫佳兵者不祥之器物或惡之故有道者不處。君子居則貴左。用兵則貴右兵者不祥之器非君子之器不得已而用之恬淡爲上勝而不美而美之者是樂殺人。夫樂殺人者則不可以得志於天下矣。吉事尚左凶事尚右。偏將軍居左上將軍居右言以喪禮處之殺人之衆以哀悲泣之戰勝以喪禮處之。

31

As boas armas de guerra pressagiam o mal.
Inclusive as coisas parecem odiá-las.
Portanto, um homem do Tao não toma partido por elas.
Na vida diária, um cavalheiro considera a esquerda
como o lugar de honra.
Na guerra, a direita é o lugar de honra.
As armas são o instrumento do mal,
e, portanto, ferramentas impróprias de um cavalheiro.
Apenas se valerá delas em caso de necessidade.
A paz e a tranquilidade são o mais importante para ele,
e nem sequer uma vitória é causa de regozijo.
Regozijar-se de uma vitória é regozijar-se
do assassinato de pessoas!

E um homem que se regozija do assassinato de pessoas,
não pode confiar em prosperar num mundo de pessoas.

Nas ocasiões alegres, prefere-se o lugar esquerdo,
Nas tristes, prefere-se o direito.
No exército, o capitão encontra-se à esquerda,
e o comandante-em-chefe encontra-se à direita.
Isto quer dizer que a guerra se dispõe
igual a um funeral.

Perante a morte de tantos, o único correto é que
os sobreviventes chorem pelos falecidos.
Portanto, até uma vitória é um funeral.

三十二章

道常無名。樸雖小天下莫能臣也。侯王若能守之、萬物將自賓。天地相合以降甘露民莫之令而自均。始制有名名亦既有。夫亦將知止。知止可以不殆譬道之在天下猶川谷之於江海。

32

O Tao é sempre inominável
Pequeno na sua Simplicidade Primária.
Não é inferior a nada no mundo.
Se um dirigente pode aferrar-se a ele,
todos lhe renderão homenagem.
Céu e Terra se harmonizarão
e deixarão cair o doce rocio.
A paz e a ordem reinarão entre a gente
sem que ninguém as imponha.

Quando a Simplicidade Primária se diversificou,
apareceram diferentes nomes.
Não há já o suficiente?

Não é o momento de parar?
Saber quando deter-nos é proteger-nos do perigo.
O Tao é para o mundo o que um grande rio ou um oceano
aos arroios e riachos.

三十三章

知人者智。自知者明。勝人者有力。自勝者強。知足者富。

強行者有志。不失其所者久。死而不忘者壽。

33

Aquele que conhece o homem, é esperto.
Aquele que se conhece a si, compreende.
Aquele que conquista homens tem força.
Aquele que se conquista a si mesmo, é realmente forte.
Aquele que sabe quando tem o suficiente, é rico.
Aquele que segue diligentemente o caminho do Tao,
é um homem constante.
Aquele que permanece onde encontrou seu verdadeiro
Lar, perdura longo tempo.
Aquele que morre, mas não perece, desfruta da verdadeira
longevidade.

三十四章

大道氾兮其可左右。萬物恃之而生而不辭。功成不名有。衣養萬物而不爲主。常無欲，可名於小。萬物歸焉而不爲主，可名爲大。以其終不自爲大，故能成其大。

om
34

O Grande Tao é geral, como uma inundação.
Como pode dirigir-se para a esquerda ou para a direita?
Todas as criaturas dependem dele,
e não nega nada a ninguém.

Cumpre seu trabalho,
mas não reclama nada para si.

Dá alimento e proteção a todos,
mas não lhes exige vassalagem:
Por isso podemos chamá-lo «O Pequeno».

Todas as coisas retornam a ele como ao seu lar.
mas não governa sobre elas:
por isso podemos chamá-lo
«O Grande».

É precisamente porque não deseja ser grande
que sua grandeza se expressa plenamente.

三十五章

執大象，天下往往而不害安平太。樂與餌，過客止道之出口，淡乎其無味。視之不足見。聽之不足聞。用之不足既。

35

Aquele que possua o Grande Símbolo, atrairá
todas as coisas para si.
Acodem a ele e não recebem nenhum dano, porque nele
encontram paz , segurança e felicidade.

A música e os manjares somente são
apropriados para o descanso de um convidado de passagem.
Contudo, as palavras do Tao têm efeitos duradouros.
Ainda que sejam tíbias e insípidas.
Ainda que não venham dirigidas ao olho, nem ao ouvido.

三十六章

將欲歙之，必固張之。將欲弱之，必固強之。將欲廢之，必固與之。將欲奪之，必固與之。是謂微明。柔弱勝剛強。魚不可脫於淵。國之利器不可以示人。

36

O que há de acabar encolhido
começa primeiro estirado.
O que há de acabar debilitado
começa primeiro fazendo-se forte.
O que há de acabar desprezado
começa primeiro sendo louvado.
O que há de acabar arrebatado
começa primeiro sendo outorgado.

Aqui jaz a sutil sabedoria da vida:
O suave e débil vence o duro e forte.

Tanto como o peixe não deve abandonar as profundidades,
o governante não deve fazer gala das suas armas.

三十七章

道常無爲而無不爲侯王若能守之萬物將自化化而欲作吾將鎮之以無名之樸無名之樸夫亦將無欲不欲以靜天下將自定。

37

O Tao nunca realiza ação alguma,
e não obstante, faz tudo.
Se os príncipes e os reis
pudessem a ele aderir-se,
todos os seres se evoluiriam por si mesmos.
Se ao evoluir aparecesse o desejo de praticar obras,
eu o manteria na simplicidade sem nome.
Na simplicidade sem nome não existe o desejo.
Sem desejos é possível a paz;
e o mundo se ordena por si mesmo.

三十八章

上德不德，是以有德。下德不失德，是以無德。上德無為，而無以為。下德為之，而有以為。上仁為之，而有以為。上義為之，而有以為。上禮為之，而莫之應，則攘臂而扔之。故失道而後德。失德而後仁，失仁而後義，失義而後禮。夫禮者，忠信之薄，而亂之首。前識者，道之華，而愚之始。是以大丈夫處其厚，不居其薄。處其實，不居其華。故去彼取此。

38

Um verdadeiro homem de bem não é consciente da sua bondade;
por isso mesmo é bom.
Um homem tonto procura ser bom;
por isso mesmo não é.
Um verdadeiro homem bom não faz nada para ser;
No obstante, não deixa nada sem fazer.
Um homem bobo está sempre fazendo;
não obstante, muito fica sem fazer.
Quando um verdadeiro homem amável faz algo,
não deixa nada sem fazer.
Quando um homem justo faz algo,
deixa muito sem fazer.
Quando um homem disciplinado faz algo e não lhe respondem,
arregaça suas mangas numa tentativa de forçá-los à ordem.
Portanto, quando o Tao está perdido, fica a bondade.
Quando a bondade se perde, fica a amabilidade.
Quando a amabilidade se perde, fica a justiça.
Quando a justiça se perde, fica o ritual.
Agora, o rito é a casca da fé e
a lealdade, o começo da confusão.
O conhecimento do futuro é apenas a florida armadilha do Tao.
É o princípio do desatino.
Portanto, o homem maduro toma partido pela
substância, antes que pela casca.
Pelo fruto mais do que pela flor.
Certamente prefere o interior ao exterior.

三十九章

昔之得一者天得一以清地得一以寧神得一以靈谷得一以盈萬物得一以生侯王得一以爲天下貞其致之天無以清將恐裂地無以寧將恐發神無以靈將恐歇谷無以盈將恐竭萬物無以生將恐滅侯王無以貴高將恐蹶故貴以賤爲本高以下爲基是以侯王自謂孤寡不穀此非以賤爲本邪非乎。

39

Desde a antiguidade, não poucas coisas
chegaram à Unidade.
O Céu conseguiu a Unidade e tornou-se claro;
A Terra conseguiu a Unidade e tornou-se tranqüila;
Os espíritos conseguiram a Unidade e carregaram-se
de poderes místicos;
As fontes conseguiram a Unidade e encheram-se;
As dez mil criaturas conseguiram a Unidade
e se fizeram reprodutoras;
Barões e príncipes conseguiram a unidade e se
converteram em governantes soberanos do mundo.
Todos são o que são pela virtude da Unidade.

Se o Céu não fosse claro, poderia desmoronar-se aos pedaços;
Se a Terra não fosse tranqüila, poderia explodir em mil partes;
Se os espíritos não tivessem poderes místicos,
poderiam deixar de existir.
Se as fontes não estivessem plenas, poderiam secar-se;
Se as dez mil criaturas não fossem capazes de reproduzir-se,
poderiam acabar extinguindo-se;
Se barões e príncipes não fossem governantes soberanos;
poderiam cambalear e cair.

故致數與無與。不欲琭琭如玉。珞珞如石。

Certamente, a humildade é a raiz de que nasce a grandeza,
e o alto deve construir-se sobre o cimento do baixo.

É por isso que os barões e os príncipes se chamam a si mesmos
«O Desvalido», «O Diminuto» e «O Desprezível».

Talvez eles também estejam conscientes da sua dependência
das coisas *de baixo.*

Certamente, demasiada honra implica a falta de honra.

Não é inteligente brilhar como o jade e ressoar
como campainhas de pedra.

四十章

反者道之動。弱者道之用。天下萬物生於有。有生於無。

40

O retorno é o impulso do Tao.
Ceder é o caminho do Tao.
As dez mil coisas nascem do Ser.
O Ser nasce do não Ser.

四十一章

上士聞道勤而行之。中士聞道若存若亡。下士聞道、大笑之。不笑不足以爲道。故建言有之。明道若昧。進道若退。夷道若纇。上德若谷。大白若辱。廣德若不足。建德若偷。質真若渝。大方無隅。大器晚成。大音希聲。大象無形。道隱無名。夫唯道善貸且成。

41

Quando um Sábio conhece o Tao,
pratica-o com diligência.
Quando um medíocre conhece o Tao,
debate-se entre a crença e a não-crença.
Quando um tonto conhece o Tao,
gargalha dele.
Entretanto, se alguém, assim, não se risse dele,
o Tao não seria o Tao!

Os homens sábios da Antiguidade disseram:
O Caminho brilhante parece sombrio.
O Caminho do avanço parece o do retrocesso.
O Caminho aplainado parece acidentado.
A alta Virtude parece um abismo.
A grande pureza parece manchada.
A Virtude abundante parece insuficiente.
A Virtude estável parece insegura.
A Virtude sólida parece inconsistente.
A grande quadratura não tem esquinas,
Os grandes talentos amadurecem tarde.
O grande som é silencioso.
A grande Forma é informe.

O Tao está oculto e não tem nome;
não obstante, apenas ele sabe proporcionar ajuda e satisfação

四十二章

道生一。一生二。二生三。三生萬物。萬物負陰而抱陽冲氣以爲和。人之所惡唯孤寡不穀而王公以爲稱。故物或損之而益或益之而損人之所教我亦教之。強梁者不得其死吾將以爲教父。

42

O Tao deu a luz ao Uno.
E o Um deu a luz ao Dois.
O Dois deu a luz ao Três.
O Três deu a luz a todas as coisas.

Todas as coisas trazem o Yin às suas costas
e abraçam o Yang,
obtendo sua harmonia vital da justa mistura dos
dois Alentos vitais.

O que há de mais repudiado pelos homens do que ser
«desvalido», «pequeno» e «desprezível»?
E, não obstante, são estes os nomes que os barões
e príncipes outorgam-se a si mesmos.

Certamente, pode-se ganhar ao perder;
e pode-se perder ao ganhar.
Permitam-me repetir o que outro ensinou:
«O homem violento terá um fim violento»
Quem tenha dito isto pode ser meu mestre e meu pai.

四十三章

天下之至柔馳騁天下之至堅。無有入無間。吾是以知無爲之有益不言之教。無爲之益天下希及之。

43

O mais suave vence o mais duro.
Só o Nada pode entrar no não-espaço.
Por isso conheço as vantagens da Não-Ação.
Há poucas coisas sob o céu tão instrutivas como
as lições do Silêncio,
ou tão benéficas como os frutos da Não-Ação.

四十四章

名與身孰親。身與貨孰多得與亡孰病。是故甚愛必大費。多藏必厚亡。知足不辱知止不殆。可以長久。

44

Entre teu nome e teu corpo, qual é o mais apreciado?
Entre teu corpo e tua riqueza, a que outorgas mais valor?
Entre perder e ganhar, o que é o mais doloroso?
Assim, um excessivo apego por algo que te acabará custando caro.
Acumular demasiados bens acarretará uma grande perda.

Saber quando se tem o suficiente é ser imune
às desgraças.

Saber quando deter-se é estar a salvo do perigo.
Apenas assim poderás perdurar por longo tempo.

四十五章

大成若缺。其用不弊。大盈若冲。其用不窮。大直若屈。大巧若拙。大辯若訥。躁勝寒。靜勝熱。清靜爲天下正。

45

A maior perfeição parece imperfeita,
e, não obstante, seu uso é inesgotável.
A maior plenitude parece vazia,
e, não obstante, seu uso não tem fim.
A maior retidão parece tortuosa.
A maior destreza parece torpeza.
A maior eloquência parece um gaguejar.

A inquietude vence o frio,
mas a calma vence o calor.
A paz e a serenidade são as Normas do Mundo.

四十六章

天下有道，卻走馬以糞。天下無道，戎馬生於郊。禍莫大於不知足。咎莫大於欲得。故知足之足常足矣。

46

Quando o mundo está em posse do Tao,
os cavalos são levados para fertilizar o campo
com seus excrementos.
Quando o mundo perde o Tao,
criam-se cavalos de guerra nos subúrbios.

Não há maior calamidade do que não saber quando é suficiente.

Não há maior mal do que a cobiça.

Apenas aquele que sabe quando é suficiente tem
sempre o suficiente.

四十七章

不出戶，知天下。不闚牖，見天道。其出彌遠，其知彌少。是以聖人不行而知。不見而名。不爲而成。

47

Sem sair da tua casa,
podes conhecer a natureza do mundo.
Sem olhar pela janela,
podes conhecer o Caminho do Céu.
Quanto mais longe vais,
menos conheces.

Assim, o Sábio conhece sem viajar.
Vê sem olhar.
E obtém sem fazer.

四十八章

爲學日益爲道日損。損之又損以至於無爲。無爲而無不爲。取天下常以無事。及其有事不足以取天下。

48

Aprender consiste no acúmulo diário,
praticar o Tao consiste na redução diária.

Continua reduzindo e reduzindo
até que chegues ao estado da Não-Ação.
Praticas a Não-Ação e, não obstante, nada ficará
sem fazer.

Para conseguir o mundo, há que renunciar a tudo.

Se alguém segue guiando-se por interesses pessoais,
nunca poderá ganhar o mundo.

四十九章

聖人無常心以百姓心爲心善者吾善之不善者吾亦善之德善信者吾信之不信者吾亦信之德信聖人在天下歙歙爲天下渾其心聖人皆孩之

49

O Sábio não tem interesses próprios,
mas toma os interesses dos demais como próprios.
É amável com os amáveis.
Também é amável com os rudes.
Porque a virtude é amável.
É leal aos leais.
Também é leal aos desleais.
Porque a Virtude é leal.

Dentro do mundo, o Sábio é tímido e discreto.
Pelo bem do mundo mantém o coração
em seu estado nebuloso.
Todo mundo aguça seus olhos e ouvidos.
O Sábio apenas sorri como uma criança divertida.

Tao Teh King

五十章

出生入死生之徒十有三。死之徒十有三人之生動之死地亦十有三夫何故以其生生之厚蓋聞善攝生者。陸行不遇虎兕入軍不被甲兵兕無所投其角虎無所措其爪兵無所容其刃夫何故以其無死地。

Quando se está fora da Vida, encontra-se na Morte.
Os companheiros da vida são treze; os companheiros
da Morte são treze;
e quando vive uma pessoa para o Reino da Morte,
seus companheiros também são treze.
Por que ocorre isto?
Porque consome com demasiada intensidade os recursos da Vida.

Diz-se que aquele que sabe como viver bem não encontra
tigres, nem búfalos selvagens pelo seu caminho,
e sai do campo de batalha indene diante das armas
de guerra.

Já que nele, um búfalo não encontra espaço vazio para seus
Cornos, um tigre, nenhum local onde cravar suas garras
e uma arma de guerra, nenhuma direção para apontar.
Como é isto?
Porque nele não há lugar para a Morte.

五十一章

道生之。德畜之。物形之。勢成之。是以萬物莫不尊道而貴德。道之尊德之貴夫莫之命而常自然。故道生之德畜之長之育之亭之毒之養之覆之。生而不有。爲而不恃長而不宰。是謂玄德。

O Tao dá-lhes a vida;
A Virtude delas cuida.
A Matéria dá-lhes a forma,
o Ambiente aperfeiçoa-as.
Portanto, todas as coisas, sem exceção, veneram o Tao e
rendem homenagem à Virtude.
Ninguém lhes ordenou que venerassem o Tao
nem que rendessem homenagem à Virtude,
mas fazem-no sempre de forma espontânea.

É o Tao quem lhes dá vida;
É a Virtude que delas cuida, as cria, as adota, as abriga,
as consola, as alimenta e lhes dá abrigo sob suas asas.

Fazer um trabalho, mas não dar-lhe valor.
Guiando, sem interferir.
Criando, sem reclamar.
Realizando, sem buscar benefício.
Esta é a chamada Virtude oculta.

五十二章

天下有始以爲天下母。既得其母以知其子。既知其子，復守其母。沒身不殆。塞其兌，閉其門，終身不勤。開其兌，濟其事，終身不救。見小曰明，守柔曰强。用其光，復歸其明。無遺身殃。是謂習常。

52

Tudo sob o Céu tem um começo comum.
Este Começo é a Mãe do mundo.
Agora que conhecemos a Mãe, conheçamos seus filhos.
Quando tivermos conhecido os filhos,
devemos voltar atrás e permanecer com a Mãe.
Ao fazê-lo, não correrás nenhum risco
ainda que teu corpo seja aniquilado.

Bloqueia todos os condutos!
Fecha todas as portas!
E até o final dos teus dias não te desgastarás.
Abre os condutos!
Multiplica tuas atividades!
E até o final dos dias estarás desvalido.

Ver o pequeno é ter uma revelação.
Permanecer na debilidade é ser forte.
Usa as luzes, mas volta à tua revelação.
Não atraia para ti as desgraças.
Esta é a forma de cultivar o Imperturbável.

五十三章

使我介然有知行於大道唯施是畏大道甚夷而民好徑朝甚除田甚蕪倉甚虛服文綵帶利劍厭飲食財貨有餘是謂盜夸非道也哉。

53

Se tivesse o mínimo de sabedoria,
recorreria ao Grande Caminho.
E meu único temor seria desviar-me dele.
O Grande Caminho é muito polido e reto;
E, não obstante, a gente prefere vias tortuosas.

A corte está muito limpa e bem ornamentada,
mas os campos estão abandonados e cobertos de ervas daninhas.
E os celeiros, muito vazios!
Vestem roupas excelentes,
trazem espadas afiadas,
fartam-se de comidas e bebidas.
Possuem mais riquezas do que podem desfrutar!
São os arautos da malandragem!
E do Tao, o que conhecem?

Tao Teh King

五十四章

善建者不拔善抱者不脫子孫以祭祀不輟修之於身其德乃真修之於家其德乃餘修之於鄉其德乃長修之於國其德乃豐修之於天下其德乃普故以身觀身以家觀家以鄉觀鄉以國觀國以天下觀天下吾何以知天下然哉以此。

54

O que está bem plantado não se pode arrancar.
O que está bem sujeito não pode escapar-se.
Teus descendentes herdarão o sacrifício ancestral durante
um sem fim de gerações.
Cultiva a Virtude em tua pessoa,
e converter-se-á em parte de ti.
Cultiva-a em tua família,
e perdurará.
Cultiva-a na comunidade,
e viverá e crescerá.
Cultiva-a no estado,
e florescerá abundantemente.
Cultiva-a no mundo,
e se converterá em universal.

Portanto, uma pessoa deve ser julgada como pessoa.
Uma família, como família.
Uma comunidade, como comunidade.
Um estado, como estado.
O mundo, como mundo.

Como conheço o mundo?
Pelo que há no meu interior.

五十五章

含德之厚比於赤子蜂蠆虺蛇不螫猛獸不據攫鳥不搏骨弱筋柔而握固未知牝牡之合而全作精之至也終日號而不嗄和之至也知和曰常知常曰明益生曰祥心使氣曰強物壯則老謂之不道不道早已

O que está imbuído pela Virtude
é como um bebê recémnascido.
Vespas e serpentes venenosas não o atacam.
Nem o raptam bestas selvagens.
Nem o atacam aves de rapina.
Seus ossos são brandos, seus tendões débeis,
mas sua coesão é forte.
Não conhece a união do macho e da fêmea.
Crescendo por inteiro
e mantendo sua vitalidade totalmente íntegra.
Uiva e grita todo o dia sem ficar rouco.
Porque personifica a harmonia perfeita.
Conhecer a harmonia é conhecer o Imperturbável.
Conhecer o Imperturbável é compreender.
Acelerar o crescimento da vida é perigoso.
Controlar a respiração é forçá-la em excesso.
Estar excessivamente desenvolvido é decair.
Tudo isto está contra o Tao.
E qualquer coisa que esteja contra o Tao logo
deixa de existir.

五十六章

知者不言言者不知。塞其兌閉其門挫其銳解其分和其光同其塵是謂玄同故不可得而觀不可得而疏不可得而利不可得而害不可得而貴不可得而賤故為天下貴。

56

Aquele que sabe, não fala.
Aquele que fala, não sabe.
Manter a boca fechada.
Vigiar os sentidos.
Moderar o sarcasmo.
Simplificar os problemas.
Disfarçar o brilho.
Ser uno com o pó da terra.
Esta é a principal união.
Quem alcançou este estado
não se preocupa com os amigos ou os inimigos,
nem com o bom ou com o mal,
com a honra ou com a desgraça.
Este é, portanto, o mais alto estado do homem.

Tao Teh King

五十七章

以正治國。以奇用兵。以無事取天下。吾何以知其然哉。以此天下多忌諱而民彌貧。民多利器國家滋昏。人多伎巧奇物滋起。法令滋彰盜賊多有。故聖人云。我無為而民自化。我好靜而民自正。我無事而民自富。我無欲而民自樸。

122

Lao Tse

Um reino governa-se com leis comuns;
Uma guerra se ganha com movimentos excepcionais;
Mas o mundo se ganha deixando-se fazer.
Como sei que isto é certo?
Pelo que existe no meu íntimo!
Quanto mais tabus e inibições há no mundo,
mais pobre está o povo.
Quanto mais afiadas são as armas,
maior confusão há no reino.
Quanto mais inteligentes e astutos são os homens,
mais coisas estranhas ocorrem.
Quanto mais elaboradas são as leis e as ordenanças,
mais ladrões e assaltantes aparecem.

Portanto, o Sábio disse:
"Não faço espaventos,
e a gente muda por si mesma.
Amo a quietude,
e as pessoas assentam-se nas suas rotinas.
Não me comprometo com nada,
e a gente se torna rica.
Não tenho desejos
e a gente regressa à Simplicidade".

五十八章

其政悶悶，其民淳淳，其政察察，其民缺缺。禍兮福之所倚，福兮禍之所伏。孰知其極，其無正。正復為奇，善復為妖。人之迷，其日固久。是以聖人方而不割，廉而不劌，直而不肆，光而不燿。

58

Quando o governante é silencioso,
a gente é simples e feliz.
Quando o governante é arguto,
a gente é astuta e infeliz.

A má sorte se apóia na boa sorte;
A boa sorte é o que a má sorte esconde no seu interior.
Quem conhece o fim deste processo?
Não há norma nem direito?

Ainda assim, o que é normal logo se converte em anormal;
E os bons augúrios logo se convertem em maus presságios.
Certamente a gente esteve muito tempo num dilema.

Portanto, o Sábio enquadra sem cortar,
talha sem desfigurar,
endereça sem forçar,
ilumina sem deslumbrar.

五十九章

治人事天，莫若嗇。夫唯嗇，是謂早服。早服謂之重積德。重積德則無不克，無不克則莫知其極。莫知其極，可以有國。有國之母，可以長久。是謂深根固柢長生久視之道。

59

Ao governar um povo e servir ao Céu,
não há nada como a frugalidade.
Ser frugal é regressar antes de extraviar-se.
Regressar antes de extraviar-se é ter uma dupla reserva
de Virtude.
Ter uma dupla reserva de Virtude é sobrepor-se a tudo.
Sobrepor-se a tudo é alcançar uma altura invisível.
Apenas aquele que alcançou uma altura invisível pode
ter um reino.
Apenas aquele que tem a Mãe de um reino pode perdurar.
Esta é a forma de estar bem enraizado e firme no Tao.
O segredo de uma longa vida e visão perdurável.

六十章

治大國若烹小鮮。以道莅天下，其鬼不神。非其鬼不神。其神不傷人。非其神不傷人。聖人亦不傷人。夫兩不相傷。故德交歸焉。

60

Governar o país é como cozinhar um peixe pequeno.
Aproxima-te do universo com o Tao e o mal não terá poder.
Não porque o mal não seja poderoso,
mas porque o seu poder não será utilizado para prejudicar
os outros.

Não apenas não causará dano aos demais;
Além do que o Sábio estará protegido;
Não se prejudicam um ao outro
e a Virtude em cada um protegerá a ambos.

六十一章

大國者下流天下之交。天下之牝。牝常以靜勝牡以靜為下。故大國以下小國則取小國。小國以下大國則取大國。故或下以取。或下而取。大國不過欲兼畜人。小國不過欲入事人。夫兩者各得其所欲。大者宜為下。

61

Um grande país é como o vale para o qual fluem todos os arroios.
É a represa de tudo sob o Céu, o Feminino do mundo.
O Feminino sempre vence o Masculino pela sua quietude,
humilhando-se mediante sua tranquilidade.
Portanto, se um grande país pode humilhar-se
diante de um país pequeno, ganhá-lo-á como aliado;
E se um pequeno país pode humilhar-se diante de um grande país,
ganhá-lo-á como aliado.
Um ganha ao rebaixar-se, o outro, permanecendo rebaixado.
O que quer um grande país é
simplesmente acolher mais gente.
E o que quer um país pequeno é
simplesmente servir a seu patrão.
Assim, cada um consegue o que quer.
Mas o rebaixar-se é dever de um grande país.

六十二章

道者萬物之奧善人之寶不善人之所保美言可以市。尊行可以加人人之不善何棄之有故立天子置三公雖有拱璧以先駟馬不如坐進此道古之所以貴此道者何不曰以求得有罪以免邪故爲天下貴。

62

O Tao é a reserva oculta de todas as coisas.
Um tesouro para o honesto,
um seguro de vida para o equivocado.
Uma boa palavra encontrará sua própria audiência.
Uma boa ação pode ser usada como um presente para o outro.
Que um homem esteja desviando-se do bom caminho
não é motivo para rejeitá-lo.
Assim, na coroação do Imperador,
ou no nomear dos três Ministros,
deixa que os outros ofereçam seus discos de jade,
seguidos por grupos de cavalos.
É melhor para ti oferecer o Tao sem sair do teu lugar!
Por que apreciavam os antigos o Tao?
Acaso não é graças a ele que o que se busca é encontrado,
e o responsável é perdoado?
Por isso é tão grande tesouro para o mundo.

Tao Teh King

六十三章

為無為事無事味無味大小多少報怨以德。圖難於其易。為大於其細天下難事必作於易天下大事必作於細。是以聖人終不為大故能成其大夫輕諾必寡信多易必多難是以聖人猶難之故終無難矣。

63

Pratica a Não-Ação.
Luta pela naturalidade.
Saboreia o insípido.
Exalta o baixo.
Multiplica o escasso.
Responde às ofensas com amabilidade.
Detém os problemas quando brotam.
Semeia o grande no pequeno.
As coisas difíceis do mundo
apenas podem afrontar-se quando são fáceis.
As grandes coisas do mundo,
apenas podem conseguir-se atendendo
a seus pequenos começos.
Assim, o Sábio nunca tem que pelejar com grandes coisas.
E não obstante ele as consegue!
O que promete levianamente deve ter pouca fé.
Ao que encontra tudo fácil,
tudo acabará resultando difícil.
Portanto, o Sábio, que a tudo considera difícil,
acaba não encontrando dificuldades.

Tao Teh King

六十四章

其安易持。其未兆易謀。其脆易泮。其微易散。為之於未有。治之於未亂。合抱之木，生於毫末。九層之臺，起於累土。千里之行，始於足下。為者敗之。執者失之。是以聖人無為，故無敗。無執，故無失。民之從事，常於幾成而敗之。慎終如始，則無敗事。是以聖人欲不欲，不貴難得之貨。學不學，復眾人之所過。以輔萬物之自然，而不敢為。

64

O que está em repouso é facilmente apreensível.
O que não mostra augúrios é facilmente previsível.
O frágil fragmenta-se facilmente.
O pequeno dispersa-se com facilidade.
Afronta as coisas antes que apareçam.
Cultiva a paz e a ordem antes que apareçam
a confusão e a desordem.
Uma árvore maior do que alcançam os braços
de um homem nasce de um broto diminuto.
Uma torre de 9 andares começa com um punhado de terra.
Uma viagem de mil léguas começa com um só passo.
Aquele que mima algo tende a perdê-lo.
Aquele que se aferra a algo o perde.
O Sábio não mima nada e, portanto, não tem nada a perder.
Não se aferra a nada e logo não perde nada.
Ao tratar seus assuntos de interesses,
as pessoas arruínam as coisas no momento do sucesso.
Sendo conscientes no princípio e pacientes no final,
nada se poderá perder.
Portanto, o Sábio deseja estar livre de desejos.
Não coleciona coisas preciosas.
Aprende a esquecer o aprendido e induz as massas
a regressar quando já foram demasiado longe,
Apenas ajuda todos os seres a encontrarem sua própria natureza,
mas não pretende guiá-los a cada passo.

六十五章

古之善爲道者，非以明民，將以愚之。民之難治，以其智多。故以智治國，國之賊；不以智治國，國之福。知此兩者亦稽式。常知稽式，是謂玄德。玄德深矣遠矣，與物反矣，然後乃至大順。

65

Na antiguidade, os que estavam bem versados na
prática do Tao não tentavam iluminar o povo,
apenas que, preferiam mantê-los num estado de simplicidade.
Por que é tão difícil governar um povo?
Porque é demasiado esperto!
Portanto, o que governa seu estado com astúcia o prejudica;
Mas aquele que governa sem recorrer à astúcia é seu benfeitor.
Conhecer estes princípios é ter lei e medida.
Manter a lei e a medida constantemente no pensamento
é o que chamamos Virtude Mística.
A Virtude Mística é profunda e ampla!
Guia todas as coisas para voltar,
para que regressem à Grande Harmonia.

六十六章

江海所以能為百谷王者以其善下之，故能為百谷王。

是以欲上民必以言下之，欲先民必以身後之，是以聖人處上而民不重，處前而民不害，是以天下樂推而不厭。以其不爭，故天下莫能與之爭。

66

O que converte o mar em rei de todas as correntezas de água?
O que está mais emabaixo de todas elas!
Isso o converte no rei de todas as correntezas.

Portanto, o Sábio reina sobre o povo
humilhando-se em seu discurso;
e o guia colocando-se atrás dele.

Assim resulta que quando o Sábio sobe aos ombros do povo,
não sentem seu peso.
E quando se coloca à frente das pessoas,
não se sentem doloridas.
Portanto, resulta em prazer todos empurrá-lo
sem que se cansem dele.
Ao não lutar contra ninguém
ninguém pode lutar contra ele.

Tao Teh King

六十七章

天下皆謂我道大似不肖夫唯大故似不肖若肖久矣其細也夫我有三寶持而保之一曰慈二曰儉三曰不敢爲天下先慈故能勇儉故能廣不敢爲天下先故能成器長今舍慈且勇舍儉且廣舍後且先死矣夫慈以戰則勝以守則固天將救之以慈衛之

67

Todos, sob o Céu, dizem que meu Tao é grande,
além de qualquer comparação.
Porque é grande, parece diferente;
Se não fosse diferente, teria-se desvanecido há muito.
Tenho três tesouros que conservo e aos quais me apego.
O primeiro é a misericórdia; o segundo, a economia;
o terceiro é atrever-me a não estar diante dos outros.
Da misericórdia vem a coragem;
da economia vem a generosidade;
da humanidade vem saber ser líder.
Hoje, os homens evitam a misericórdia,
mas tentam ser valentes;
abandonam a economia,
mas tentam ser generosos;
não crêem na humildade,
mas sempre tratam de ser os primeiros.
Isto é certamente a morte.
A misericórdia traz a vitória na batalha
e a força na defesa.
Este é o sentido pelo qual o Céu salva e protege.

六十八章

善爲士者不武。善戰者不怒。善勝敵者不與。善用人者爲之下。是謂不爭之德。是謂用人之力。是謂配天古之極。

68

Um bom soldado nunca é agressivo;
um bom lutador nunca fica furioso.
A melhor maneira de conquistar um inimigo
é ganhar dele, não o enfrentando.
A melhor forma de fazer de alguém seu subordinado
é servir às suas ordens.
A isso se lhe chama a virtude da não-luta!
A isso se lhe chama usar as habilidades do homem!
A isso se lhe chama estar em unidade com o Céu!

六十九章

用兵有言吾不敢爲主而爲客不敢進寸而退尺。是謂行無行。攘無臂。扔無敵。執無兵。禍莫大於輕敵。輕敵幾喪吾寶。故抗兵相加。哀者勝矣。

69

Os estrategistas têm um ditado:
Melhor que ser prisioneiro, é ser convidado.
Melhor que avançar um centímetro, é retroceder um passo.
A isto se chama caminhar sem mover-se.
Arregaçar sem despir o braço.
Capturar o inimigo sem enfrentá-lo.
Sustentar uma arma invisível.

Não há maior calamidade do que subestimar
o poder do teu inimigo.
Porque subestimar a força do teu inimigo é perder o teu tesouro.

Portanto, quando tropas inimigas
se encontram no campo da batalha,
a vitória estará do lado dos que se lamentam.

七十章

吾言甚易知甚易行。天下莫能知莫能行。言有宗事有君。夫唯無知是以不我知。知我者希。則我者貴是以聖人被褐懷玉。

70

Minhas palavras são muito fáceis de entender e muito
fáceis de praticar.
O mundo, porém, não pode entendê-las
e nem praticá-las.
Minhas palavras têm um Ancestral.
Meus atos têm um Senhor.
As pessoas não têm conhecimento dele.
Portanto, não me conhecem.

Quanto menos pessoas me conheçam,
mais nobres serão as que me seguem.

Portanto, o Sábio veste roupas sóbrias,
enquanto guarda o jade no seu peito.

七十一章

知不知上。不知知病。夫唯病病，是以不病。聖人不病以其病病，是以不病。

71

Dar-se de conta de que nosso conhecimento é ignorância.
Esta é uma nobre revelação.
Considerar nossa ignorância como conhecimento,
isto é enfermidade mental.

Apenas quando estivermos cansados da nossa enfermidade
deixaremos de estar enfermos.

O Sábio não está doente, mais está cansado da sua enfermidade.
Este é o segredo da saúde.

七十二章

民不畏威則大威至。無狎其所居無厭其所生夫唯不厭是以不厭是以聖人自知不自見。自愛不自貴。故去彼取此。

72

Quando aos homens lhes falta o sentido do temor,
acontecerá o desastre.
Não há o que contrapor-se em suas casas;
não há com que pressioná-los no trabalho.
Se não se interfere, não se aborrecerão.
Portanto, o Sábio se conhece, mas não se exibe.
Respeita a si mesmo, mas não é arrogante.
Prefere o que está dentro ao que está fora.

七十三章

勇於敢則殺勇於不敢則活此兩者或利或害天之所惡孰知其故是以聖人猶難之天之道不爭而善勝不言而善應不召而自來繟然而善謀天網恢恢疏而不失。

73

Aquele que é valente acabará morto;
o que não, sobreviverá.
Destes dois tipos de valor, um é benéfico,
enquanto que o outro resulta nocivo.
O céu detesta algumas coisas.
Mas quem sabe por quê?
Inclusive o Sábio fica perplexo diante desta pergunta.

O caminho do Céu é conquistar sem lutar,
obter respostas sem falar,
convencer as pessoas a acudir sem ser convocadas,
agir conforme os planos sem precipitar-se.
A rede do Céu é imensa; é pouco densa,
não obstante, nada escoa por ela.

七十四章

民不畏死。奈何以死懼之。若使民常畏死而爲奇者吾得執而殺之。孰敢。常有司殺者殺。夫代司殺者殺。是謂代大匠斵。夫代大匠斵者,希有不傷其手矣。

74

Quando a gente deixa de temer a morte,
por que assustá-los com a sombra da morte?
Se os homens não têm medo de morrer,
é inútil ameaçá-los com a morte.
Se os homens vivem no medo constante de morrer
e se transgredir a lei significa que alguns devem ser assassinado:
Quem ousará transgredir a lei?
Existe sempre um funcionário que executa.
Se tentas tomar seu lugar equivaleria a
se pôr no lugar do lenhador, utilizando o machado.
Se tentas cortar a madeira como o lenhador,
te ferirás com tua própria mão.

Tao Teh King

七十五章

民之饑、以其上食稅之多、是以饑。民之難治以其上之有為、是以難治民之輕死以其求生之厚、是以輕死。夫唯無以生為者、是賢於貴生。

75

Por que as pessoas morrem de fome?
Porque os que estão acima delas
pedem-lhes tributos demasiadamente onerosos.
Por isso morrem de fome.

Por que é difícil controlar as pessoas?
Porque os que estão acima delas as paparicam
e perseguem metas pessoais.
Por isso são difíceis de controlar.

Por que há pessoas que não dão importância à morte?
Porque os que estão acima delas
dão demasiada importância à vida.
Por isso vêem a morte sem importância.

As pessoas não têm nada pelo que viver!
Não tendo nada pelo que viver não apreciam a vida!

七十六章

人之生也柔弱。其死也堅強萬物草木之生也柔脆。其死也枯槁。故堅強者死之徒。柔弱者生之徒。是以兵強則不勝。木強則兵強大處下。柔弱處上。

76

Quando um homem está vivo, é suave e flexível.
Quando está morto, torna-se duro e rijo.
Quando uma planta está, viva é suave e terna.
Quando está morta, torna-se murcha e seca.

Assim, o duro e o rijo pertencem ao campo dos mortos:
o suave e o flexível pertencem ao campo dos vivos.

Portanto, um exército poderoso
tende a cair por seu próprio peso
igual à madeira seca que tomba sob o machado.

O grande e poderoso cairá;
O humilde e débil será exaltado.

七十七章

天之道其猶張弓與。高者抑之下者舉之。有餘者損之。不足者補之。天道損有餘而補不足人之道則不然。損不足以奉有餘。孰能有餘以奉天下。唯有道者。是以聖人為而不恃。功成而不處。其不欲見賢。

77

Talvez o Caminho do Céu possa comparar-se
à tensão de um arco duplo!
A parte superior afunda-se, enquanto que a parte inferior se
    levanta.
Se a corda do arco é demasiadamente extensa, corta-se;
Se for demasiadamente curta, alonga-se.

O Caminho do Céu dispersa
o que excede para prover o insuficiente.
A norma do homem é diferente:
toma do que falta para dar ao excedente.

Quem senão um homem do Tao pode pôr suas riquezas
a serviço do mundo?

Portanto, o Sábio realiza seu trabalho
sem outorgar-lhe nenhum valor,
consegue sua meta sem orgulhar-se.
Não quer que seus méritos sejam vistos.

Tao Teh King

七十八章

天下莫柔弱於水。而攻堅強者莫之能勝其無以易之。弱之勝強柔之勝剛、天下莫不知莫能行。是以聖人云。受國之垢是謂社稷主。受國不祥是謂天下王。正言若反。

78

Não há nada no mundo mais suave e frágil do que a água;
Mas nada há como ela para atacar o duro e forte!
Pois nada pode ocupar seu lugar.
O débil vence o forte e o suave vence o rijo.
Isto é algo que todo mundo sabe,
mas ninguém põe em prática.

Portanto, disse o Sábio:
Quem toma sobre si a humilhação do povo
está preparado para governá-lo.
Quem toma sobre si os desastres do país
merece ser o rei do universo.
A verdade, a miúdo, soa como um paradoxo.

Tao Teh King

七十九章

和大怨必有餘怨。安可以爲善。是以聖人執左契而不責於人。有德司契無德司徹天道無親。常與善人。

166

79

Depois de uma amarga inimizade,
certo rancor deve ficar.
O que alguém pode fazer?
Portanto, o Sábio, com mão esquerda,
desempenha seu papel no pacto,
mas não reclama nada dos outros.

O virtuoso atende aos seus deveres.
O falto de virtude apenas sabe descarregar seus deveres
sobre as pessoas.

O Caminho do Céu não tem afetos pessoais,
mas sempre coincide com o bem.

八十章

小國寡民使有什伯之器而不用。使民重死而不遠徙。雖有舟輿無所乘之雖有甲兵無所陳之使人復結繩而用之甘其食美其服安其居樂其俗鄰國相望雞犬之聲相聞民至老死不相往來。

80

Um pequeno país tem pouca gente.
Ainda que existam máquinas muito eficientes, não necessitam delas.
Pessoas tomam a morte muito seriamente e não viajam para longe.
Ainda que tenham barcos e carruagens, não os utilizam;
ainda que tenham armaduras e armas, ninguém delas necessita.
Os homens preferem fazer nós na corda em vez de escreverem.
Sua comida é simples e boa;
suas roupas, finas mas simples;
seus lares, seguros.
São felizes a seu modo.
Estão tão próximos do país vizinho que se pode ouvir
o canto dos seus galos e o latido dos seus cães;
a pesar disso vivem em paz, cada um em sua casa.
Até que envelhecem e morrem.

八十一章

信言不美美言不信善者不辯辯者不善知者不博博者不知聖人不積旣以為人已愈有旣以與人已愈多天之道利而不害聖人之道為而不爭

81

As palavras sinceras não são belas.
As palavras belas não são sinceras.
O s homens bons não discutem.
Os que discutem não são bons.
Os sábios não são eruditos.
Os eruditos não são sábios.
O Sábio não monopoliza.
Quanto mais vive para outros, mais plena é sua vida.
Quanto mais dá, mais abundância recebe.
O Caminho do Céu é beneficiar, não prejudicar.
O Caminho do Sábio é cumprir com seu dever,
e não lutar contra ninguém.